AF452709

Pierrot Municipal

Comédie en un acte, en vers,

*représentée pour la première fois à Paris,
au Théâtre du Gymnase, le 14 Février 1896.*

JULES DE MARTHOLD

Pierrot Municipal

COMÉDIE

en un acte, en vers

PARIS

BIBLIOTHÈQUE DE LA PLUME

31, rue Bonaparte, 31

1896

A Messieurs

POREL & CARRÉ

*en les remerciant des artistes qu'ils ont enchâssés
dans ma petite monture.*

J. M.

SCÈNE XVII

PERSONNAGES

Pierrot..................	MM. Numa.
Arlequin................	Gouget.
Cassandre..............	Boudier.
Le Garde champêtre.....	Libert.
Le Bourreau............	Dauvilliers.
Grand Gendarme........	Moisson.
Petit Gendarme.........	Duvelleroy.
Colombine..............	Mlle Lucy Gérard.

PIERROT MUNICIPAL

Paysage Watteau.— A droite, poétique maisonnette ; porte au 1er plan ; fenêtre flanquée d'un grand volet vert rabattu sur la muraille. Entre la porte et le banc, un rosier, fort arbuste courant sur la maison et dont une des grosses branches, très-fleurie, est non loin de la fenêtre. Au dessous, une borne. — A peu près devant la maison, un banc.— A gauche, péristyle à colonnes mesquines, contruction moderne du plus mauvais goût ; sur le fronton, le mot : MAIRIE, *et un drapeau tricolore en fer peint sur lequel on lit :* RÉPUBLIQUE FUNAMBULESQUE.

SCÈNE PREMIÈRE

PIERROT, COLOMBINE

PIERROT, *de droite, après avoir poursuivi Colombine, tombant essoufflé sur la borne.*

Alors, jamais ?

COLOMBINE, *sur le banc, essoufflée.*

Jamais !

PIERROT

Jamais, c'est bientôt dit !

COLOMBINE

Bientôt dit ? Jamais ! Non !

PIERROT, *se lève, Colombine aussi.*

> ...Pierrot qui s'en dédit !
> Je t'aurai ! Tu m'auras ! Nous nous aurons !

COLOMBINE

> Oh ! Fête !

PIERROT

> Pourquoi donc, s'il vous plaît, tant honnir ma conquête ?
> Pourquoi tant mépriser mes fourches et mon cœur ?

COLOMBINE

> Qui ? Moi ? Subir ton joug ? Dieu ! l'étonnant vainqueur !
> Que l'homme est amusant ! Quel animal comique !
> Décidément l'amour est un mal endémique.
> Vous n'en trouvez pas un qui ne soit prêt à tout,
> Pas un qui ne soit sûr d'être le roi d'atout,
> Pas un, jamais, qui doute un instant de lui-même,
> Eût-il, comme Pierrot, l'air bête et le teint blême.

(avec fatuité, imitant un homme)

> Eh ? la belle ? Un baiser ! Dépêchons, car c'est moi !
> Viens et tombe en mes bras ! Je comprends ton émoi
> Et ton heur, et ta joie et ta peur tout ensemble ;
> Il n'en est pas sur terre un seul qui me ressemble !
> Qui donc, en me voyant, pourrait ne pas m'aimer,
> Ne pas tout oublier et ne pas désarmer ?

(Revenant à Pierrot)

> Vous vous imaginez qu'on aime sur commande,
> Que si l'on vous résiste, on mérite l'amende,
> Et que, femme, il nous faut, prête à jouer le jeu,
> Avoir toujours sur nous un feu pour votre feu.

PIERROT, *fat.*

> Le bon goût sait choisir.

COLOMBINE

                    Un cœur veut être libre,
Aimer si ça lui plaît et n'aimer s'il ne vibre ;
Et je veux, si je veux, préférer un bossu
Au plus beau sire, au plus vaillant, au plus cossu.
Or, je ne t'ai jamais, Pierrot, vu dans mon rêve !

PIERROT

Tu n'es, comme tes sœurs, qu'une humble fille d'Eve,
Versatile et changeant sans rime ni raison,
Selon le temps qu'il fait, la lune et la saison.

COLOMBINE

Et vous, bons fils d'Adam, — le plus benêt des hommes !—
Vous n'avez pour souci que partager nos pommes.

PIERROT

Au verger, Colombine, allons tous deux ?

COLOMBINE
                              Vaurien !
Vous brûlez votre poudre, et rien ne sert de rien.
                    (*Il la poursuit*)

Ouais ! qui donc contraindrait femme qui n'y veut mordre ?
                    (*Il supplie*)
La prière est néant !
                    (*Il menace*)

          Bien moins encore un ordre.
Je ne vous aime pas, sachez-le !

PIERROT
                    Mais pourquoi ?

COLOMBINE

Mais... *Parce que !* Voilà ! — Tenez, il reste coi ! —
Parce que vous dit tout. C'est la raison suprême,

La raison... sans raison et qui fait que l'on aime,
To be or not to be !, qu'on aime ou n'aime pas ;
Selon son appétit, on traite le repas.

PIERROT

Quel piment faut-il donc pour exciter ta fibre ?
Grâce à Quatre-vingt-neuf, je suis un Pierrot libre,
Un Pierrot citoyen, un Pierrot absolu,
Car d'éligible, un vote, hier, m'a fait élu.
Au noble jeu de l'urne, ayant gagné le quine,
Je suis Maire et, dès lors, je puis tout, Colombine.
Je suis Maire, et le Maire en son village est Roi.
Citant... je ne sais qui, je dis : « l'Etat, c'est moi ! »
Veux-tu des pots-de-vin, des passe-droits énormes,
Des bureaux de tabac, ou veux-tu des réformes ?
Parle, commande, ordonne, et ce que tu voudras,
Que ce soit juste ou non, j'en jure, tu l'auras.
En me voyant, dis-toi que tout ce qui respire
Tremble sous mon regard, soumis à mon empire.
Je tiens en cette main la circonscription :
Mariage, naissance, impôt, conscription,
Pour tout, à moi, d'abord, l'humanité s'adresse
Et quand passe Pierrot, la commune se dresse !

COLOMBINE, *de glace.*

Tout cela m'est égal : sans amour, rien de bon.
On meurt en grelottant avec bois et charbon,
Faute de l'étincelle éveillant une flamme.

PIERROT

Mahomet a raison, la femme n'a pas d'âme !

COLOMBINE, *bâillant.*

Ah ! comme on doit bâiller sans nous en paradis !

PIERROT

Seras-tu donc la seule, en rougis-tu pas, dis,
Avec qui je ne puisse user des droits de l'homme ?

COLOMBINE

Je n'obéis qu'à moi, j'ai le cœur... autonome.

PIERROT

Vocable social.

COLOMBINE

C'est un mot qui fait bien.

PIERROT

Je l'ai placé souvent,

(à part)

sans y comprendre rien.
Mais revenons au but, à ce qui m'intéresse.

COLOMBINE

Vous perdez votre temps.

PIERROT

Il n'est de forteresse
Farouche et sourcilleuse où l'on n'ait pénétré !

COLOMBINE

Pénétré ! Tu vas loin !

PIERROT

Le fait est démontré,
Ce n'est pas l'assiégeant, c'est l'assiégé qui cède.

(Il la presse)

Il faut, entends-tu bien, qu'un jour je te possède.

COLOMBINE

Et vos devoirs de Maire ?... Et la moralité ?

PIERROT

La morale finit... à la nécessité !

COLOMBINE

Si Cassandre, mon père, entendait la maxime...

PIERROT

C'est mon administré, je suis Maire, il m'estime...

(*ardent*)

Et, tiens, en son absence, ouvre-moi ta maison,
Prenons un rendez-vous !

COLOMBINE, *lui échappant.*

Séduisant horizon !

PIERROT

Tout ce qu'un cœur de lave a d'ardeur et de flamme !...

COLOMBINE

Faut-il crier au feu ?

PIERROT, *tragique.*

Tu plaisantes, infâme !
Eh ! bien, j'inventerai quelque plan surhumain
Qui te fera tomber frémissante en ma main.
Colombine ! Prends garde ! à rester insensible,
Tu peux m'exaspérer, et ce sera terrible !

COLOMBINE

Ah ! bah !

PIERROT

J'entasserai Pélion sur Ossa !
Un baiser ?

COLOMBINE, *cherchant à fuir.*

Pas le moindre.

PIERROT

Un tout petit ?

COLOMBINE

Pas ça !

PIERROT

On rechigne, on y goûte, et l'on en est tout aise.

COLOMBINE

Ah ! que d'eau sous les ponts avant que ça me plaise !

PIERROT

A quoi bon lanterner ? C'est fou ! Je la connais !
Un jour, tu céderas !

COLOMBINE, *fuyant.*

Jamais ! Jamais !
(Passée devant lui, elle entre dans la mai-
son et, lui en ayant fermé la porte au nes :)

Jamais !

SCÈNE II

PIERROT, *furieux*

C'est ce que nous verrons !

(Réfléchissant)

Comment vais-je m'y prendre ?
Il n'est que deux moyens : ou convaincre ou surprendre :
Convaincre serait long et me paraît douteux ;
Surprendre a ses dangers : être pincé, piteux !
Si Colombine était un homme, bagatelle !
On irait en champ clos ; mais quelle dague a-t-elle ?
Il me la faut pourtant : pour atteindre mon but,
Osons n'importe quoi ! sans hésiter !

(Il remonte, plein d'humeur)

Mais chut !
Qui vient m'importuner ? Bon ! le garde champêtre !

(Noble)

Sans le char de l'Etat, toi, je t'enverrais paître !

SCÈNE III

PIERROT, LE GARDE CHAMPÊTRE, *de droite*

LE GARDE

Salut, monsieur le maire.

PIERROT, *à part.*

Ah ! ce titre m'est doux !

LE GARDE

Avez-vous bien dormi ?

PIERROT

Merci, pas mal, et vous ?

LE GARDE, *se faisant valoir.*

Couci-couci, monsieur, tout à la surveillance
Et jamais que d'un œil, guettant la malveillance.
Pour savoir, il faut voir, et pour voir, regarder,
C'est la règle et la loi de qui veut bien garder.

PIERROT

Tu connais le pays, la ville haute et basse ;
Mets ton maire au courant de tout ce qui s'y passe,
Apprends-moi les on-dit de la localité,
Le nom des habitants et leur moralité.

LE GARDE

Connaissant avant tous ou comédie ou drame,
Le garde, le barbier, avec la sage-femme,
Sont les hommes les mieux renseignés de l'endroit.

PEIRROT

L'amour, en mauvaise herbe, à tous les pavés croît !
Dis-moi par le menu les histoires galantes,
Les hommes de boudoir et les femmes troublantes,

Tous les jeux innocents, tous les bons gros péchés,
Les épouses en vogue et les maris fâchés.

LE GARDE

En fait de mariage, il est une coutume,
Ici, pour joindre ceux que l'amour pur consume ;
Maire, il vous faut savoir le cérémonial
Pour unir ces gens-là ; le rite est spécial :
Comment, en ce pays, on fait un mariage,
Le symbole exprimant l'amour dans le ménage :
On marie en plein air, c'est même ici le lieu :
Devant les fiancés, vous présentez le Dieu
Et, prenant un marteau...

PIERROT

J'ai vu s'unir les autres !

LE GARDE

Mes compliments, monsieur. — Et, comme bons apôtres,
J'en sais un, très-voisin, tout à fait surprenant,
Plein d'ardeur, avec l'air d'un carême-prenant ;
Il se nomme Arlequin. Un flâneur, un bohême.
D'une maigreur de clou ! Pour moi, c'est un problème !
On le voit par les bois, à jeun, le plus souvent,
Car il ne gagne rien et se nourrit de vent.
C'est un être bizarre, un fol emblématique.
On ne lui connaît pas d'opinion (1) politique !

PIERROT

Quoi ? N'être pour personne ? On peut donc vivre ainsi ?
N'être pas pour quelqu'un ?

LE GARDE

Il s'en va sans souci,
Pareil au décavé, qui rit de sa misère,
Tourne autour du tripôt et, rêveur, sans mise, erre.

---

(1) Je le sais, mais ça m'est égal.

C'est un cerveau brûlé, vivant tout de travers,
Sans état, et qui fait…, attendez-donc ?… des vers.

PIERROT

Un poète ! O Terreur ! Race très dangereuse !
Et j'appelle sur lui ta rigueur vigoureuse.
Un poète est un monstre, une peste, un péril…

(à lui-même)

Cas oublié, pourtant, par le Code Civil !
Il faut me le pincer.

LE GARDE

Ce n'est pas difficile ;
Pour saisir Arlequin, courir est inutile.

(Lui montrant la maison)

Tous les jours, sans manquer, Cassandre, je le sais,
Va faire sa partie au café de la Paix.
Or, notre homme, en sortant, soupçonneux de sa fille,
Oiselle en son printemps et dont le cœur frétille,
Ne manque au grand jamais de fermer ce volet,
Donnant, sans s'en douter, bête comme un mulet,
Un visible signal à mon galant, qui, preste,
Arrive sans surseoir…

PIERROT, tragique.

Ne me dis pas le reste !

LE GARDE

Je les guette et j'espère un jour les arrêter
Au nom de la morale, afin d'instrumenter.

PIERROT, tempétueux.

Oh ! justice du ciel ! Oh ! puissance divine !
Arlequin, son amant ! A nous deux, Colombine !

LE GARDE

Et tenez, justement, Cassandre va sortir,
Vous allez voir le jeu.

PIERROT

Nous allons nous blottir,
Attendre et, tous les deux, cueillir ce grand coupable !

(Sous le porche)

Je vais montrer à tous ce dont je suis capable !

(Entre deux colonnes)

Femme ! j'ai ma vengeance et vais te méduser !

(Derrière la première colonne)

Quand on a le pouvoir, c'est pour en abuser !

(Ils se cachent derrière les colonnes)

SCÈNE IV

COLOMBINE, CASSANDRE, *sortant de la maison*

CASSANDRE

Oui, je rentrerai tard, ayant beaucoup à faire.

COLOMBINE, *avec un soupir.*

J'irais bien, promener !

CASSANDRE

La maison, c'est ta sphère ;
Je ne puis t'emmener aux endroits où je vais,
Le monde en jaserait, le trouverait mauvais.

COLOMBINE

Toujours entre ces murs, sans jamais voir personne !

CASSANDRE

Je l'entends bien ainsi. N'ouvre pas, si l'on sonne.
Introduire un voleur, ou pire, un assassin !

(à lui-même)

Ou quelque damoiseau pris d'un tendre dessein.

2

COLOMBINE, *pleurnichant.*

Si vous pouviez me voir, mon cher petit pè·père,
Quand vous n'êtes plus là, mon cœur se désespère !

CASSANDRE, *ennuyé.*

Allons, ma Colombine, il ne faut pas pleurer,
Je vais me dépêcher.

COLOMBINE

       A quoi bon me leurrer ?
Je sais bien, je sais bien qu'il faut que tout se fasse,
Que tout ce qui, dehors, vous prend et vous tracasse,
Vous le faites pour moi, non pour votre plaisir,
Et que rester ici serait votre désir...

CASSANDRE

Oui, mais je ne le puis. Vaque aux soins du ménage,
Veille au repas du soir ou fais du jardinage ;
Prends un volume et lis Walter Scott ou Cooper ;
Ou mieux, tu dois avoir quelque étoffe à couper,
Et comment s'ennuyer avec des fanfreluches ?
Les abeilles, vois-tu, s'occupent dans les ruches.
Dessine aux trois crayons, travaille ton piano.

COLOMBINE, *à part.*

Il va prendre l'absinthe et faire un domino,
Délassement bourgeois où l'on est quatre à table.

CASSANDRE, *à part, ayant regardé sa montre.*

Filons ! Ils vont m'attendre ! Elle est insupportable !
       (à Colombine)
Tu me fais perdre un temps !...

COLOMBINE, *narquoise.*

       Précieux, n'est-ce pas ?

CASSANDRE

Allons, rentre.

COLOMBINE, *minaudière*.

A tantôt.

CASSANDRE

Rentre donc !

(Colombine rentre)

SCÈNE V

CASSANDRE

J'en suis las !
Quand il a des enfants, un père est bien à plaindre,
Mais, quand c'est une fille, il doit de plus tout craindre.

(Il sort à gauche)

SCÈNE VI

COLOMBINE, *ouvrant la fenêtre et appelant*

Venez ! venez ! mon père !

CASSANDRE, *du dehors*

Eh ! qu'as-tu, s'il te plaît ?

(Il reparaît à gauche)

SCÈNE VII

COLOMBINE, CASSANDRE

COLOMBINE, *désignant le volet vert*.

Vous avez oublié de fermer le volet !

CASSANDRE, *enchanté*.

C'est juste !

COLOMBINE, *préservant la branche*.

Prenez garde !

CASSANDRE, *à part.*

Elle est très innocente.

COLOMBINE

Mon rosier... j'y tiens tant !

CASSANDRE, *à part.*

Cette candeur m'enchante.

COLOMBINE, *minaudière.*

J'ai toujours un peu peur quand tout n'est pas bien clos ;
Devant maison de bois, les gens tournent le dos.
A tantôt, petit père.

CASSANDRE

A tantôt, sois bien sage.
Au revoir, mon oiseau.

COLOMBINE

Je rentre dans ma cage.

CASSANDRE

(Ayant poussé le volet, s'éloigne en chantonnant).

AIR : *Polichinelle vampire*

Bon, le raisin
Que l'on grapille aux charmilles !
Chez le voisin,
Que les filles sont gentilles !

(Il sort à gauche).

SCÈNE VIII

LE GARDE, PIERROT

PIERROT, *derrière une colonne*

Que va-t-il se passer ?

LE GARDE, *derrière une autre*

Simple comme bonjour.
Nous allons à l'instant voir accourir l'amour.

PIERROT

Tu crois ?

LE GARDE, *venant sur la place*

Non, j'en suis sûr.

PIERROT, *de même*

Il me vient une idée !
Pourquoi pas ma fureur par la justice aidée ?
Tu vas voir comme au fait un fait probant s'unit,
Comme on démontre un crime et comme on le punit,
Ce que c'est que la loi, comment on la manie,
Tout ce que peut en faire un Pierrot de génie !

(*à lui-même*)

Quant au plaisir des dieux par mon cœur attendu,
Femme a toujours des dents pour le fruit défendu.

LE GARDE

Venez, c'est Arlequin, si j'en crois mon oreille...

PIERROT

On n'aura jamais vu de vengeance pareille !

SCÈNE IX

ARLEQUIN, *de gauche, au fond, un feuillet de papier
et un crayon en main, lisant, tout en marchant, décla-
matoire et lyrique.*

Cœur de mon cœur
Et moitié de moi-même,
Front parant le diadème,
O ma ferveur !
D'un ton moqueur,

Ne va pas, toi que j'aime,
Par ta froideur,
Ta rigueur
Ou quelque stratagème,
Par frayeur,
En ta pudeur,
De mon aveu suprême
Glacer l'ardeur ;
Ne va pas, fleur,
Fermant le doux poème,
Refuser le baptême
D'amour vainqueur !

(joyeux)

Il a clos le volet ! le bonhomme est en ville !
A la chasse aux baisers ! Cueillons-en dix, vingt, mille !
L'aimable fille est prise au piège qu'amour tend,
Elle est là, cœur au guet, et le bonheur m'attend !

(Il frappe de sa batte)

SCÈNE X

ARLEQUIN, COLOMBINE

COLOMBINE, *entrebaillant la porte et jouant la surprise*

Arlequin !

ARLEQUIN

Colombine !

COLOMBINE, *lui arrachant la feuille des mains*

Une chanson nouvelle !

ARLEQUIN

Et des baisers nouveaux, ma gente colombelle !

COLOMBINE

Pas devant la mairie !

ARLEQUIN

Eh ! l'endroit n'y fait rien !

(*Il l'embrasse savoureusement*).

Encore ! Encore ! Encore ! Ah ! cela fait du bien !

PIERROT, *caché*

Bien !

COLOMBINE, *craintive*

Entends-tu, l'écho ?

ARLEQUIN

L'Echo ? — Mais non, tu rêves !
Mon amour est immense et les heures sont brèves ;
Triste quand je te quitte, heureux quand je te vois,
Je n'entends dans l'écho que l'écho de ta voix.
Les jours où l'on t'enferme, enfant, sont des désastres,
Car ton âme est mon âme et tes yeux sont mes astres.
Profitons du bonheur ! Nous sommes tous les deux !
Que nous font les échos ? Nous nous moquons bien d'eux !

PIERROT, *caché*

Hideux !

COLOMBINE

Ah ! cette fois ?...

ARLEQUIN, *dédaigneux*

Un écho de Mairie...!

(*Fuyant le monument avec Colombine*)

Temple légal, endroit pervers où l'on marie,
Lieu malsain qu'il faut fuir comme on fuit le trépas !
Donc, ta lèvre à ma lèvre, oh ! le divin repas !
Et tant pis pour l'écho si notre amour le fâche !

(*Follement gai, criant*).

Hé ! ho ! monsieur l'Echo ! Mais réponds donc, grand lâche !
Tu vois, pas de réponse. On n'entend pas d'écho,
Et j'ai crié, pourtant, comme sous Jéricho.

(Allant s'asseoir sur le banc)

Viens ?

COLOMBINE

Non.

ARLEQUIN

Si !

COLOMBINE, *se rapprochant*

C'est très mal...

ARLEQUIN

Ça se fait dans Homère.

COLOMBINE

Pas devant la mairie ! On a changé le Maire...

ARLEQUIN

Bah ! ça se change donc !

COLOMBINE, *se rapprochant de la maison*

Et j'ai peur du nouveau !

PIERROT, *caché*

Oh ! Oh !

COLOMBINE, *ouvrant la porte*

Très peur !...

ARLEQUIN, *surpris et ravi*

Alors ?...

COLOMBINE, *l'invitant à passer*

Oui, viens !

ARLEQUIN

Allons ! bravo !

(Il entre, on entend verrouiller bruyamment la porte.)

SCÈNE XI

PIERROT, LE GARDE

PIERROT

Va quérir promptement le bonhomme Cassandre.

(Ricanant, se frottant les mains)

Je l'attends pour ouvrir et lui donner un gendre.

(Le garde sort).

SCÈNE XII

PIERROT

Amenons Colombine au dégoût d'Arlequin
En lui donnant le droit d'aimer ce noir faquin.
Casanova, Lauzun, Don Juan, Lovelace !
Enseignez-moi votre art, ses secrets, sa fallace !
Femme n'aime et ne veut que ce qu'elle n'a pas,
L'attrait de l'inconnu la décide au faux pas.
Or comme on vit Phryné devant l'Aréopage,
Je veux voir Colombine en galant équipage.
Donc, le tout pour le tout ! C'est dit, improvisons !
Vu l'urgence, plaidons, jugeons et condamnons.
Et je serais surpris, logique rigoureuse,
Si de Pierrot, ce soir, tu n'étais amoureuse.
Pourrait-on pas glisser un œil en ce réduit ?

(L'œil à la porte)

On ne voit rien du tout.

(L'oreille gauche sur le volet, surpris et dépité)

Ils ne font aucun bruit !

SCÈNE XIII

LE GARDE, CASSANDRE, PIERROT

CASSANDRE, *essoufflé*

J'accours, monsieur le Maire, une affaire importante.. ?

PIERROT

Et je suis désolé ! car elle est désolante !

CASSANDRE

Aurais-je dans un krack laissé de mon avoir ?

PIERROT

Non, mais c'est pis encore et vous l'allez bien voir.
Tandis qu'aux champs le garde inspecte les charmilles,
Le maire a pour souci l'intérêt des familles.
Je vous ai fait mander, ayant besoin de vous
Pour... pincer votre fille en galant rendez-vous.

CASSANDRE

Comment pouvez-vous croire ?...

PIERROT

Une chose visible ?

CASSANDRE

Qu'avez-vous vu ?

PIERROT, *sardonique*

J'ai vu !

CASSANDRE

Quoi ?

PIERROT

L'homme, entrer !

CASSANDRE, *tournant les talons*

Risible !

PIERROT, *narquois*

Ils sont deux là-dedans !

CASSANDRE

Deux ?

PIERROT

Elle et lui ! Voilà !
Quel est l'oiseau, ne sais, mais je sais qu'il est là !

CASSANDRE

Vous avez fait erreur !

(*se fâchant*)

Ou c'est quelque nasarde...!

PIERROT

Vous ne me croyez pas ?

(*Son chapeau blanc posé à la Napoléon, et, comme
lui, la main derrière le dos*)

Faites donner la garde !

(*Le garde fait un signe, deux gendarmes sortent
de la mairie.*)

SCÈNE XIV

LES MÊMES, DEUX GENDARMES

PIERROT, *après minutieuse revue des gendarmes,
au grand*

Vous, au pied de ce mur.

(*au petit*)

Et vous, dans la maison.
Ouvrez, de par la loi !

COLOMBINE, *moqueuse, voix pointue*

Vous perdez la raison !
N'ouvre jamais au loup, petit chaperon rouge !

PIERROT

C'est au nom de la loi !

LE GARDE

J'entends quelqu'un qui bouge.

CASSANDRE

Ouvre donc, c'est ton père !

COLOMBINE, *cri épouvantable*

Ah !

(*Elle ouvre. Le jeune gendarme entre. On entend un branle-bas, une vitre se brise. Le volet s'ouvre. Arlequin saute par la fenêtre, brisant le rosier qui vient joncher la terre, et suivi du petit gendarme. On le rattrape en sa fuite*).

SCÈNE XV

LES MÊMES, ARLEQUIN, COLOMBINE

PIERROT

Bandit !

CASSANDRE

Un voleur !

PIERROT

Cassandre, c'est bien pis, c'est un larron d'honneur !

CASSANDRE

Ce malandrin, cet être, en conter à ma fille !
Et pour un pareil drôle on n'a plus la Bastille !
Un amant polychrome !

(*à Colombine*)

Oui, prends un air contrit,
Honte de mes vieux jours !...

PIERROT, *triomphant*

Pris en flagrant délit !
Nous allons rédiger toute la procédure...

(à lui-même)

Et nous appliquerons la peine la plus dure.

LE GARDE, *remettant la branche cassée à Colombine*

Tout dénonce cet homme ; il vient, en maraudeur,
De casser ce rosier...

COLOMBINE, *la branche devant elle*

Il a brisé ma fleur !

LE GARDE

Car, par la porte entré, les preuves sont diverses,
Le gaillard est sorti par les moyens inverses.

PIERROT

Grave, très grave ! Amour avec effraction ;
Crime qualifié, notoire infraction ;
La loi saura frapper. La vindicte publique
Poursuivra l'être inique, anarchique et cynique...

(au garde)

Prenez l'état civil de ce sombre coquin.

ARLEQUIN

Je ne m'en connais pas.

LE GARDE

Votre nom ?

ARLEQUIN

Arlequin.

PIERROT

Cela dit tout ! Il s'est, chez un homme honorable,
Introduit pour séduire, osant, le misérable,
A Colombine faire une façon de cour
Qu'on ne peut décemment nommer amour. — Amour !
Je me sers de ce mot, c'est un néologisme,
Terme rare, exhumé par le naturalisme.

C'est réciprocité de mauvais sentiments
Qu'il faudrait. On rougit de tels débordements !

(*à Arlequin*)

Vous n'attérerez plus notre ville alarmée,
Car les gendarmes sont les bourgeois de l'armée
Et brisent le méchant comme on brise un fétu !
Donc, messire Arlequin, vous allez, en vertu
D'une commission...

(*Entre les dents, à lui-même*)

plus ou moins rogatoire,

(*à Arlequin*)

Tâter de la prison, prison obligatoire.
Vous y méditerez la pratique du mal
Qui commence si bien et qui...

(*il fait un signe*)

Municipal ?

*Les gendarmes l'appréhendent au corps. Désignant
Colombine).*

Elle, ici !

(*Sur un mouvement de supplication de Colombine.*)

Pas un mot !

COLOMBINE, *à part, admirative*

Mais c'est un maire à poigne !

PIERROT

Qu'on se taise ! Que nul ne trouble ma besogne,
Car celui dont s'agit est un rusé coquin
Et je dois consulter Machiavel...

(*à part*)

et Scapin !

CASSANDRE, *à part*

Ce maire est paternel, parlons-lui de ma fille,
Touchons-le.

(à Pierrot)

Tout cela n'est qu'une peccadille...

PIERROT

Peccadille ! J'entends que sous mon Pierrotat
Florisse la vertu !

CASSANDRE, *lui tendant inostensiblement une bourse*

Me faisant l'avocat...

PIERROT

On ne me corrompt pas !

(Ayant aperçu la bourse, et l'empochant).

C'est moi qui régénère !

CASSANDRE, *humble*

Ma fille en tout ressemble à feu sa tendre mère ;
Arlequin dans son cœur aura jeté l'effroi.

PIERROT

Ce cas n'est pas prévu, mais Cassandre, une loi
Est, dès lors qu'elle manque, une loi nécessaire
Qu'on promulgue illico contre tel adversaire.
Pour l'amant, nous verrons quel bagne on choisira ;

(à part)

Elle, je sais, après, vers qui son choix ira.

CASSANDRE

Ah ! je vous en supplie, en père ému, perplexe,
Prenez pitié de moi, considérez son sexe.

PIERROT

C'est bien ce que je fais...!

CASSANDRE

Colombine ! ô douleur !

(désolé)

Ainsi, pas de sillon qui n'ait son laboureur !

COLOMBINE, *à part*

J'avais mal vu Pierrot. Il est jeune, et robuste.

PIERROT, *à part, féroce*

Montrons-leur maintenant la clémence d'Auguste.

COLOMBINE, *à part*

Comme un homme à nos yeux peut tout à coup changer !

PIERROT

Garde ! Va quérir tout ce qu'il faut pour juger !
Ma robe ! Ton tambour ! — Apporte aussi le Code !
Le sac aux vieux papiers...

(Le garde entre dans la mairie d'où il apporte une table dont les deux côtés visibles sont noirs avec la balance de la Justice, dorée).

                    La loi n'est que méthode
Et, pour en imposer, il suffit de l'habit
Soutenu par l'audace et par un fier débit.

(Pierrot entre dans la mairie)

SCÈNE XVI

COLOMBINE, ARLEQUIN, LES DEUX GENDARMES,
CASSANDRE

COLOMBINE, *à part, admirative, regardant sortir Pierrot*

C'est un homme ! Et chez l'homme ardeur est-elle un crime ?

ARLEQUIN, *à part*

Je n'ai fait qu'accorder l'amour avec la rime !

COLOMBINE, *à part, regardant Arlequin*

Mais j'avais le cerveau de ce fantoche hanté !

ARLEQUIN, *à part*

Et me voir compromis… parce que j'ai chanté !

SCÈNE XVII

LES MÊMES, PIERROT, *en juge*

LE GARDE, *avec son tambour*

PIERROT

La Cour !

(à tous)

Allons, debout !

(Faisant signe d'asseoir Arlequin)

Au banc des accusés.

(Ricanant, à part, se désignant lui-même)

Les témoins… sont assis, et par nul récusés.

(Haut)

Ce jourd'hui de l'année, après sévère enquête,
Nous allons, procédant d'office à la requête
De la société, instruire le procès
De cet individu, de tous ses noirs excès,
De ses crimes prouvés et, magistrat intègre,
Montrer sous son vrai jour, Arlequin, ce faux nègre.
Inculpé, bas le masque.

(Un gendarme le démasque)

COLOMBINE, *se levant, à part*

Il est affreux ainsi,
Et me paraît féroce. Il me battrait, merci !
Qu'il a de méchants yeux !

PIERROT, *à part, joyeux.*

Fort bien, cela commence.
Femme, décidément, ta folie est immense !

(au garde)

Appelez les témoins.

(Roulement du tambour, silence, un temps).

Il n'en arrive aucun ;
Accablant témoignage !

(Il fait un signe. Nouveau roulement).

Un témoin, pas même un !
Personne alors ne peut prouver son innocence !
Ce silence, messieurs, n'est pas sans éloquence.
Le pays, très heureux, n'ayant pas d'avocat,
Je représente ici Barreau, Chambre et Sénat ;
Tous les cas sont prévus, je me nomme d'office
Et vais faire éclater son hideux maléfice !

(Il se lève).

Quousque tandem ! Qu'a-t-il ? Il n'a... rien, rien pour lui !
Ah ! maudit soit le jour où son étoile a lui !
D'où vient-il ? On ne sait ! Quel est-il ? Rien ! un leurre !
Que veut-il ? Ce qu'il veut ? Il veut l'assiette au beurre !
Il doit tant au tailleur que, vêtu de lambeaux,
Son habit n'est, messieurs, que pièces et morceaux !
Il se dit... ce qu'il veut, mais n'est qu'un acrobate,
Pour face ayant un masque...,

(Masque et batte en main.)

et pour sabre, une batte !
Il est vil, faux, sec, dur, menteur, poltron, grossier !
D'ailleurs, voyez plutôt cet énorme dossier !
Un amant est toujours facile à compromettre.
Celui-ci fait des vers, écrit lettre sur lettre ;
Sans répit, sans repos, sa faconde sévit.

(Mouvement d'Arlequin. Pierrot, menaçant).

Se souvient-on jamais de ce qu'on écrivit ?

(Arlequin retombe, attérré)

C'est un être perdu de hontes et de vices !
Examinons de près ses complôts, ses sévices ;
Définissons le crime. Il faudrait le huis clos
Pour oser retracer ce forfait, même en gros !
Amour à main armée, avec viol de serrure,
Bris de fleur, bris de vitre et bris de créature !

(dégoisant)

Donc, plaise au tribunal vouloir, sans s'attendrir,
Contre le délinquant sur le champ requérir.

(à part, jovial)

Allons-y du verdict ! Il fait triste visage
Et tremble dans sa peau !

(haut)

Je vais, selon l'usage,
Vous donner connaissance...

(à part)

en même temps qu'à moi,

(haut)

Des articles formant le texte de la loi.

(Il prend un gros livre et lit)

« Grive à la Crapaudine.... »

(ahuri)

Hein ? quoi ? la crapaudine ?

(regardant le volume, furieux)

Tu m'as apporté là le livre de cuisine !

(Il lance en l'air le volume dont les feuillets s'éparpil-
lent en éventail, puis, se remettant :)

Considérant, messieurs, celui que l'on traduit,
Considérant qu'il s'est, sous ce toit, introduit,
Considérant ce père, en tout digne d'estime,
Considérant l'état de la pauvre victime,
Considérant l'amant, et que cet amant ment,
Considérant enfin considérablement ;
Attendu qu'il raillait la pudeur, la décence,
Attendu qu'il rêvait déflorer l'innocence,
Attendu que ses rêts contre elle étaient tendus,
Attendu que voici bien assez d'Attendus ;
Vu le *Jus romanum,* aussi nommé *Digeste,*
Vu le Code Pénal, la morale et le reste,
Vu ce que l'on a vu, vu ce qu'on n'a pas vu,
Tout étant convenu, relu, voulu, prévu,
Devant un pareil acte, aux mœurs attentatoire,
Armant notre courroux des foudres du prétoire,
Nous, Pierrot, Maire et juge, arbitre de son sort,
Condamnons Arlequin à la peine de mort !

(roulement de tambour)

ARLEQUIN, *se levant*

A mort ! Mais vous avez dérangé la partie ;
Nous ne nous sommes pas donné la répartie !

PIERROT, *s'épongeant du mouchoir*

On connaît vos pareils ; on connaît la chanson ;
Il vous faut le plaisir sans payer la rançon.

ARLEQUIN, *éperdu.*

Je ne veux pas mourir ! Dites, que faut-il faire ?
Faut-il quitter la ville ou changer d'hémisphère ?

COLOMBINE, *gémissante.*

Prêt à m'abandonner !

CASSANDRE

C'est un godelureau !

ARLEQUIN, *suppliant*

Monsieur...!

PIERROT, *sévère*

Assez causé ! Qu'on le livre au bourreau !

SCÈNE XVIII

LES MÊMES, LE BOURREAU, *habit noir, gardénia.*

LE BOURREAU, *souriant, badin*

Justement, je passais...

(*Arlequin, nez à nez avec lui, recule épouvanté
et tombe anéanti sur le banc.*)

PIERROT

Une bonne fortune !

(*lui serrant la main*)

Cher monsieur de Partout.., promenade opportune...

LE BOURREAU

Pour votre bon plaisir, qui faut-il opérer ?
Lequel de ces messieurs...

COLOMBINE, *le lui désignant par son dédain*

Un homme, ainsi pleurer !

LE BOURREAU, *à Arlequin*

Monsieur, mon prospectus...

(*Il le tire d'une trousse, c'est une carte bristol
liserée d'or*)

              Grand salon de torture,
Procédés garantis, Mort de toute nature :
Corde, échafaud, bûcher, chevalet, fer, gril, eau,
Pal pour les délicats : le vieux jeu, le nouveau.
Pas d'attente ou d'erreur, délicieux tonique ;
Les adieux sont transmis par voix phonographique.
Chacun fait à son goût, c'est l'embarras du choix ;
On s'abonne à l'année en payant tous les mois.
Grand diplôme d'honneur et médailles nombreuses.
Les opérations ne sont pas douloureuses.
On ne s'aperçoit pas du moment décisif.
Nous traitons à forfait ; voir au dos le tarif,

*   (Arlequin tombe par terre)*

CASSANDRE, *à Arlequin*

Repentez-vous, au moins.

ARLEQUIN

        N'ayant pas de mémoire,
Je n'ai pas de remords.

LE GARDE

        Cet homme a l'âme noire.

ARLEQUIN

Mourir ! Moi ?

LE BOURREAU *le relevant*

Tenez-vous !

COLOMBINE

        Il est lâche !

PIERROT, *à part*

        Elle y vient !

COLOMBINE

Tandis que Pierrot, lui, très-noblement se tient !

PIERROT, *railleur*

A propos, j'oubliais ! J'aime la poésie ;
Mourez donc, ô poète, à votre fantaisie.

ARLEQUIN

Mais je ne suis pas, moi, fantaisiste du tout,
Et n'ai d'autre désir que de rester debout.

COLOMBINE, *Cornélienne*

Vous montrez les effets d'une âme peu robuste.

ARLEQUIN

On tient à conserver sa tête sur son buste.

COLOMBINE

Mais votre renommée ! On n'a rien vu de tel !

ARLEQUIN

J'aime mieux vivre obscur que mourir immortel !

(*à Pierrot, lamentable*)

La terre, avec mes os, ne sera pas plus grasse !

(*Il tombe à genoux*)

PIERROT, *après un temps, méprisant*

Relève-toi, faquin, car j'ai le droit de grâce !
Tu viens de te montrer un couard sans égal,
Mais comme il faut songer à réparer le mal,
Tu vivras.

ARLEQUIN

Vous serez Pierrot le Magnanime !

PIERROT

Ne parle pas si tôt !

COLOMBINE, *à part, méprisante*

Mon vaillant se ranime.

PIERROT, *au garde*

Emporte tout ceci, dessers le tribunal,
Va me chercher l'Amour.

(*Le garde emporte ce qui était sur la table*)

Voici le trait final !
Pour atteindre mon but, marions ce volage ;
Annihiler un homme est le fait du ménage.

(*haut*)

Arlequin, si, tantôt, tu ne sautes le pas,
Ton cas reste pourtant un lamentable cas.

ARLEQUIN

Pitié ! monsieur le maire !

PIERROT, *à part*

Allons ! rivons sa chaîne !

(*haut, à Arlequin*)

Le Code a deux façons de commuer ta peine :
Ou finir en prison, mangeant matin et soir
Du pain cuit par un nègre afin qu'il soit plus noir,
Ou te marier.

(*Le garde retourne la table ; les deux côtés qu'on
en aperçoit alors sont jaunes avec deux cœurs
rouges*)

ARLEQUIN

Quoi !

PIERROT

La loi, catégorique,
Sur ce point, mon garçon, n'admet pas de réplique.

ARLEQUIN

Marier Arlequin ! Vrai, vous outrepassez !

PIERROT

On ne badine pas avec la Cour ! Assez !
Donc, vous allez sur l'heure épouser Colombine.

COLOMBINE

Lui !

ARLEQUIN

Moi !

CASSANDRE

Dirait-on pas que cela les chagrine ?

COLOMBINE

Mariés ? Tout à fait ?

PIERROT

Dam !

ARLEQUIN

A perpétuité !

COLOMBINE

C'est forcer les vouloir !

ARLEQUIN

J'y perds, sans fatuité !

CASSANDRE

Quoi ! ma fille à ce drôle ! Horreur à s'aller pendre !
Cela vivra chez moi ! Cela sera mon gendre !

PIERROT

Mais il lui rend l'honneur et le cas est urgent.

CASSANDRE

L'honneur ! l'honneur ! l'honneur! Puisqu'il n'a pas d'argent !

(Désolé, à lui-même)

Où vont donc se nicher les amours d'une fille ?
Elle, faire un tel choix ! Elle, riche et gentille !

(ayant pris son parti)

Enfin, allons quérir de la fleur d'oranger !

COLOMBINE *l'arrêtant*

A quoi bon pour si peu papa vous déranger ?

PIERROT, *au bourreau*

Servez-leur de témoin.

LE BOURREAU, *badinant*

C'est jouer les complices
Et je n'entreprends pas, mon cher, tous les supplices.

CASSANDRE, *au bourreau*

Faites cela pour moi.

ARLEQUIN

Faites cela pour moi,

COLOMBINE, *avec un soupir*

Faites cela pour moi.

LE GARDE

Faites-le pour la Loi.

LE BOURREAU

Je vais m'exécuter !

*(Il prend la main de Colombine et la met dans
cellе d'Arlequin)*

PIERROT, *à part, désignant Arlequin*

Pour toi, la guillotine…!

*(Devant la table où le garde a apporté, couché
sur un coussin placé sous un verre, un petit
amour avec ses ailes et un marteau de com-
missaire-priseur).*

Arlequin, voulez-vous pour femme Colombine ?

ARLEQUIN, *après un temps d'hésitation*

Oui !

PIERROT, *casse une aile qu'il jette par terre,
puis à Colombine*

Voulez-vous, enfant, bien qu'il soit tout transi,
Arlequin pour époux ?

COLOMBINE, *tristement, dans un soupir*

Oui !

PIERROT, *même jeu pour l'autre aile*

Prenez donc ceci

Car vous êtes unis.

(Il remet l'amour au bras de Colombine)

COLOMBINE, *le considérant, mélancolique :*

Amour n'a plus ses ailes !

PIERROT, *la regardaut, à part*

Le ciel est moins changeant que les cœurs ne sont frêles !

(à Arlequin, qu'il prend par l'oreille)

Au lieu de rêvasser, au lieu de rimailler,
Devenez sérieux, tâchez de travailler.

(Il pousse Arlequin assez loin, et, à Colombine, tendre)

Vous, soyez résignée et soyez bonne mère ;
J'aimerai vos enfants, car je serai...

> (*A Arlequin, qui, jaloux, est revenu écoutant*)

leur Maire !

> (*Il joint les mains des époux. Tandis qu'Arlequin*
> *regarde au fond, bas à Colombine*)

Et toujours... à jamais ?

LE BOURREAU *bénissant*

Qu'il est doux d'être humain !

COLOMBINE, *bas, à Pierrot, lui remettant une fleur*
de la branche cassée

Maintenant ?... A toujours ! A demain ! A demain !

PIERROT *tout en mettant la fleur à sa boutonnière*

C'est toute la leçon. Le mortel vraiment sage
Est celui qui, toujours, se conforme à l'usage.

RIDEAU

Paris, 19-31 août 1889.

Annonay. — Imp. J. ROYER